MENINO DA TABANCA

VERSOS GUINEENSES

Editora Appris Ltda.
1.ª Edição - Copyright© 2022 do autor
Direitos de Edição Reservados à Editora Appris Ltda.

Nenhuma parte desta obra poderá ser utilizada indevidamente, sem estar de acordo com a Lei nº 9.610/98. Se incorreções forem encontradas, serão de exclusiva responsabilidade de seus organizadores. Foi realizado o Depósito Legal na Fundação Biblioteca Nacional, de acordo com as Leis n.ᵒˢ 10.994, de 14/12/2004, e 12.192, de 14/01/2010.

Catalogação na Fonte
Elaborado por: Josefina A. S. Guedes
Bibliotecária CRB 9/870

S581m
2022

Silá, Seco
    Menino da tabanca : versos guineenses / Seco Silá. - 1. ed. - Curitiba : Appris, 2022.
    116 p. ; 21 cm. – (Coleção geral).

ISBN 978-65-250-2187-4

1. Poesia africana. 2. Poesia guineense. I. Título. II. Série.

CDD – 869.1

Appris
editora

Editora e Livraria Appris Ltda.
Av. Manoel Ribas, 2265 – Mercês
Curitiba/PR – CEP: 80810-002
Tel. (41) 3156 - 4731
www.editoraappris.com.br

Printed in Brazil
Impresso no Brasil

SECO SILÁ

MENINO DA TABANCA

VERSOS GUINEENSES

FICHA TÉCNICA

EDITORIAL	Augusto V. de A. Coelho
	Marli Caetano
	Sara C. de Andrade Coelho
COMITÊ EDITORIAL	Andréa Barbosa Gouveia (UFPR)
	Jacques de Lima Ferreira (UP)
	Marilda Aparecida Behrens (PUCPR)
	Ana El Achkar (UNIVERSO/RJ)
	Conrado Moreira Mendes (PUC-MG)
	Eliete Correia dos Santos (UEPB)
	Fabiano Santos (UERJ/IESP)
	Francinete Fernandes de Sousa (UEPB)
	Francisco Carlos Duarte (PUCPR)
	Francisco de Assis (Fiam-Faam, SP, Brasil)
	Juliana Reichert Assunção Tonelli (UEL)
	Maria Aparecida Barbosa (USP)
	Maria Helena Zamora (PUC-Rio)
	Maria Margarida de Andrade (Umack)
	Roque Ismael da Costa Güllich (UFFS)
	Toni Reis (UFPR)
	Valdomiro de Oliveira (UFPR)
	Valério Brusamolin (IFPR)
ASSESSORIA EDITORIAL	Manuella Marquetti
REVISÃO	Ana Lúcia Wehr
PRODUÇÃO EDITORIAL	Bruna Holmen
DIAGRAMAÇÃO	Maria Vitória Ribeiro Kosake
CAPA	Eneo Lage
COMUNICAÇÃO	Carlos Eduardo Pereira
	Karla Pipolo Olegário
LIVRARIAS E EVENTOS	Estevão Misael
GERÊNCIA DE FINANÇAS	Selma Maria Fernandes do Valle

Às cinco mulheres que são o principal motivo da minha felicidade: Ticiana, meu inconfundível amor; Helen, minha amiga e conselheira; Maria, minha primogênita, a quem devo muito amor; Lúcia e Sali, minhas filhas gêmeas, fluídas do sangue ancestral que alimenta o meu coração, que também participam de forma direta nas minhas inspirações e aspirações do dia a dia.

AGRADECIMENTOS

A todos que participaram de forma direta ou indireta no processo de realização deste projeto. Em especial, à Lúcia Maia e aos irmãos da família Teixeira – Valberto, Márcia, Marluce e Manjari –, pelo apoio e amizade incondicionais. Minha gratidão ao caro professor e doutor Kaio Carmona, pelo presente poético com o qual brindou este livro, por meio de seu generoso prefácio. Agradeço também aos colegas que sempre me incentivaram e me cobraram bastante para que esta obra surgisse no universo literário e cultural guineense, nomeadamente, António Costa, Jorge Otinta e Rui Jorge Semedo. Dirijo, por fim, minha gratidão aos meus alunos do grupo de poesia Vida-Verso.

PREFÁCIO

Em *Menino da tabanca: versos guineenses*, Seco Silá oferece-nos fina matéria poética. Com coragem, enfrenta temas grandiosos da arte e da literatura: o amor, a morte, a guerra, a amizade, a vida em seu projeto muito próprio de transformação. Essa coragem, aliada à habilidade com a linguagem, faz com que o poeta marque lugar na cena da poesia guineense contemporânea.

A princípio, a leitura dá-se por opostos, por antinomias que o leitor vai colecionando a cada texto, o menino e o homem, o mar e a terra, a infância e a vida adulta, a guerra e o amor. Mas, aos poucos, o leitor menos incauto perceberá que a oposição é apenas aparente e um e outro lado não são extremos, e sim processos que se complementam ao longo dos poemas. Se, ao revisitar a infância – esse espaço por vezes mítico e singular –, o poeta transforma-a em dimensão real e coletiva, lembremos que a voz que nos fala é de um homem adulto que reconfigura a experiência e a fantasia. Se, ao tratar de sua terra, o autor nos dá a geografia insular como refúgio, generosamente nos dá também o mar e o horizonte como possibilidades de voo, de sonho; e na transição do mar para terra, ou da terra para o mar, lá está o seu pescador a pisar a terra e ler o mar espelhado no céu.

A relação com a natureza dá-se de maneira íntima, e poderíamos dizer que ela é também uma voz dentro dos textos, uma personagem do mundo muito singular de Seco Silá. Dentro de uma espécie de mitologia pessoal, entre parentes e amigos, a natureza é seguramente a companheira fiel, revelando-se também nos vãos, vazios e entrelinhas dos versos. Uma voz que se reconhece pelas sensações experimentadas, mas que não se furta aos espinhos. A memória de uma terra atravessada por guerras – pela independência e pelo conflito civil – desdobra-se ainda em feridas traumáticas, mas, na obra, é repensada de um ponto de vista legítimo e sensível, que, por meio da experiência poética, pode elaborar a reflexão. Com propriedade, também é o olhar sobre a tradição, mantida e renovada, encantatória e aterrorizante. A violência presente no mundo infantil e contra o corpo feminino também se faz presente neste coro-denúncia, já que a voz do poeta ganha dimensões coletivas e fala de dentro de uma comunidade para cantar o horror e o fascínio de uma ancestralidade.

Formalmente, o poeta revela ao leitor experimentos vários, como quadras e sonetos. Seus versos essencialmente líricos, por vezes, adquirem tons narrativos, ao mesmo tempo que se percebe neles uma busca por uma cadência, um ritmo muito próprio, marcado interna e externamente pelas aliterações, assonâncias e rimas conscientemente utilizadas.

O poeta parece retirar de seu próprio cotidiano matéria para sua poesia, mas o que se desvela na página é também um mundo onírico em que todos os meninos reconhecem-se, todas as mães reconhecem-se, todos os homens reconhecem-se. Seco Silá escreve como quem cuida da terra, como quem lavra metáforas, como quem coleciona palavras. Seco Silá escreve como um amigo que convida para conhecermos sua casa, sua terra, seu mundo. É mesmo o poeta quem diz "em nossa futura casa/ cantaremos a música do amor". Seja bem-vinda, leitora, seja bem-vindo, leitor, à casa do poeta. Adentrai!

Kaio Carmona
Luanda, 2021.

Sumário

MENINO DA *TABANCA* 13

EXPRESSO-ME 15

ONDE TUDO COMEÇOU 17

RISOS EXÓTICOS DA *NIMBA* 19

AO SOM DE *WASSAMBÁ* 21

A UMA CRIANÇA-MÃE 23

CRIAÇÃO BOA 25

CAMPO 26

ARQUIPÉLAGO BIJAGÓS 27

QUEDA DE LÃS 31

VERSOS SONOROS 33

VERDADE MÓRBIDA 35

BOLANHA ABANDONADA 37

ÚLTIMAS LÁGRIMAS 44

BARCA DE BOÉ 47

À MÃE DA QUINTA KATANDEIRA 49

AOS MARINHEIROS 51

ÀS VENDEDEIRAS DE PEIXE 53

NO MEU HOSPITAL SIMÃO MENDES 56

AS MÃOS DO DOUTOR 58

AOS MENINOS TALIBÉS 59

TCHALESSARIA DO TRONO 62

COBIANA *JAZZ* 64

UNIVERSAL 65

MENINAS BIDEIRAS 66

A CASA	68
VÓ AUSENTE	70
ESTA MÃE GUINÉ	71
GUERRA RURAL & GUERRA URBANA	73
VERSOS PARA TI	75
POMAR DAS LAUDAS	76
ECO DE UMA CIDADE	77
FAÇO-ME POR TEU CORPO	78
AGORA À NOITE	79
SUJEIRA DA TERRA	80
O SONO DA DESILUSÃO	81
AGENDA DE UM POETA	82
FLORA SILVA	85
MANIFESTO	87
RENASCENÇA	91
RESÍDUOS DE LEITURAS	93
UM GRITO DAS ESTATUETAS TRISTES	95
FANTASMA	98
DESESPERO	100
SUMBUIA	102
RECUAR	103
POEMAS EM CRIOULO	105
TCHELESARIA	107
SOL NOBU	108
MAMÉ DI FIDJUS	109
GLOSSÁRIO	110

MENINO DA TABANCA

Ao amanhecer
piso o chão suado.
Recordo melodias,
acalentos.

Eu sou menino cultivador,
Semeio as doces flores
no meu sonho.
As minhas mãos adultas
se sujam de terra fértil.

A minha barriga
é um tambor.
Um tambor
que não soa dor.
O meu pé
é uma enxada
que rompe o solo campestre.

Nas noites suadas,
a lua se apaga
dentro do meu sangue
(No sangue febril e morno de menino).

Outrora o meu tambor
hospeda os parasitas

que me sugam o sangue
mas me embebedam
ervas e raízes de kanafistra
para matar esses vermes.
Os malignos bichos rejeitam a cura e
brincam no meu tambor.

Não posso renegar o que sou.
Obedeço a mim de ser menino de *tabanca*.
O meu nome está nas folhas das ervas
Nos troncos de árvores
Não nas folhas do notariado.

Sei que o meu direito é torto,
Mas, na *tabanca*, vivo à vontade.
Ninguém me desconhece.
A minha identidade está nos calos
das mãos e dos calcanhares.
Está nos olhares famintos
que perfuram gaiolas de passarinhos,
está nas sombras floridas
em que me instalo.

Por ser menino,
canto estes versos vulgares, melódicos.
Berro e cacarejo enquanto
cultivo a terra molhada.

Misteriosamente
desobedeço aos preceitos *tabanqueiros*.
Como se vê, no desvio do meu pranto,
resgato, do chão submerso,
a esperança de quem sou:
um simples Menino de *tabanca* que sonha.

EXPRESSO-ME

Nesta língua turva, saúdo
e me expresso com calma,
por ter permissão para tal.

Nesta língua de todos,
há o hálito exótico dos irãs
originários da *baloba* da Guiné.

Esta é a língua aventureira
que jamais para de navegar
Nela se canta *gumbé*,
Se canta fado e *funaná*,
Se dança samba, *kizomba*
e timbila *muzumba*.

Nesta língua paquerei,
namorei sob a sombra do bosque
onde escutei o canto do sabiá,
degustei tapioca e rapadura.

Ela se sujou de tribos e ritos
e se salvou das ondas do mar.
Nesta língua eu me reconheço...
E tu, *cabunca*?
Falo por ti, também, caboclo!
É sobre o meu e o teu idioma.

Mas eu, nela não canto,
nem penso. Contudo, decoro
a sua anatomia em meu pensamento
para atingir o ocidente,
servindo-me ela como
um grande oásis no deserto
desta minha vida monótona e formal.
Esta é a identidade
na qual todos (livres?) navegamos.
Língua Portuguesa, ampla e boa!

ONDE TUDO COMEÇOU

A minha raiz é neste lugar
onde saboreei areia doce,
da meninice, com avidez,
degustei o mel quimérico,
nutrido, saudável, feliz.

Busquei muita moralidade na tabanca,
flagrei-me indo
por trás do sonho de encontrar
uma vida perfeita que advém
da mentalidade utópica
Que geralmente abala
toda a mocidade.

Esta rústica selva
é o meu berço
onde a minha mãe se cansou
na hora em que o sol foi morto.

A noite pairava, e ela,
sem jeito,
se concentrou forte,
gemeu, chorou.
Entregou-se à grande sorte,
me deu à luz mundana e bela.
Amamentou-me em seu peito puro,

carregou-me ao dorso
na bambarã atada...
Aconchegado ao odor maternal
me acalmava
alegre menino da minha mãe.

Agora mais ainda
sinto em mim a valia
desta bambarã fértil, robusta,
desejo de todas as mães sonhadoras.

Estas mães negras adoram
o cântaro sob imbondeiro
em busca da milagrosa sorte,
essa que me fez nascer, crescer
no meu chão onde posso agrar...

RISOS EXÓTICOS DA *NIMBA*

Escondidos risos exóticos
da *Nimba* do meu avô
que sempre guardei
em minha tenra mente.
— Agora conto...!
A minha alegre mãe
Lenheira, na tabanca,
à sombra de um *poilão*, cantava.
— *Kaanu éh, ê Kaanu ééh*
Kaanu êh, Nimba ka sêl hoo...

Pel'alma do meu avô
minha lenheira elogiava
e avisava aos deuses
sobre os inacessíveis
risos da Nimba
— *Kaanu éh, ê Kaanu ééh*
Kaanu êh, Nimba ka sêl hoo...

Debaixo do Imbondeiro
sem batucadas ou palmadas
que entoam ao sabor insípido
fertiliza-se
a doce feminilidade.
— *Kaanu éh, ê Kaanu ééh*
Kaanu êh, Nimba ka sêl hoo...

Ela às outras lenheiras
se junta
e vão à surdina
num frio e esplêndido luar
passando por veredas limpas,
sem as ladeiras, chegam ao rio.
Nessas fecundas margens, o meu
defunto avô se ergue de Alma
e pede alegria à minha mãe.
Ela, tão contente, continua a cantar.
– *Kaanu éh, ê Kaanu ééh*
Kaanu êh, Nimba ka sêl hoo...

Com paixão, os tambores choram,
cantigas de tonantes vozes erguem-se
naquela diversão mística tão útil,
fertilizando todas as feminilidades presentes
sob a *Baloba* do meu avô.

AO SOM DE *WASSAMBÁ*

(cantiga de fendany)

Menina do lenço preto na cintura
ajoelha-se na areia e uma voz ritual diz:
– Cante, menina!..
Ela não canta nem se acalma,
apenas furta curto olhar
para as mãos agressivas
na sua intimidade nua,
que sangra sem parar
até que a alma se espedaça.
– Cante, menina!

Menina do lenço preto na cintura
resguarda a dor dessa mutilação
degusta o rito feio, não canta, só chora.
– Cante, menina!
Ela renega, não canta.
Só mexe as pestanas úmidas,
tem as nádegas trémulas,
de costas sujas, ao chão,
deitam-na à força.

Menina do lenço preto na cintura
sente o pó da folha do algodoeiro,
na sua chaga, e o seu corpo se rende à dor.
Os sussurros delirantes dessa

Menina do lenço preto na cintura
perduram, e os tambores choram,
a *fanateca* põe a lâmina na algibeira
dança e perjura pela saúde da menina.

O grito pela horrível dor escamba
o mar e o eco de longe acode o pranto,
A mulher vê a chaga, afiança a sanidade
da Menina do lenço preto na cintura
Mas essa sua dor continua...
A *Sêma* se importa e tira as folhas
verdes do algodoeiro,
amassa-as numa cabaça
e dá-lhe três tragadas à toa.

A iniciada, de costas, deitada ao chão,
com os olhos abertos ao sol
um sol tão bravo na fervura então
obedece à voz de ritual. E, ao som
de *wassamba*, canta e chora:

*"Sob o árduo sol um vento uivante,
tão velho, leva a nau ao remo manso
entre pedregulhos flutuantes,
no meio da densa floresta do mar
indo ao porto do tempo".*

Depois disso,
a Menina do lenço preto na cintura
suspira e descansa.

A UMA CRIANÇA-MÃE

Quando os raios mortos
batem-se na varanda árida,
aí, ela se senta na solidão,
e vive no desafeto dos pais.

Ela afaga o seu *fidju di ós*
que lhe serve de bela boneca,
habita no mundo das fadas,
brinca com o sono
Bela Adormecida
sem se sentir uma criança da *morança*.

Ela é menina-criança tão meiga,
mas, levada à orla duma voragem,
pelo que se torna tão tristonha,
quis fugir do homem dos setenta,
que assombra o seu sonho de brincar.

Certa vez, sentada à ombreira da porta
onde brincava
com a boneca *fidju di ós*
o pai aí chegou de passos mansos,
declarando que era ela já noiva.

– Oh, pai! Não quero homem. Disse ela.
E ele, sem esconder a sua ira, disse:

– Com a tradição não se brinca!
Ela, des-sonhada, abaixa a cabeça,
cuida-se em seu advir repugnante.
– Eu vou ser uma criança-mãe? ... Deus!
Meditou profundo, calada e inquieta.
– Por que o meu mundo tem que ser cobiçado
por um homem de setenta anos?
É a esse estranho que meu pai honrado
quer me dar em núpcias
para durante as noites másculas
tornar-me, apenas, um alimento
da volúpia maculada e abjeta.
Não! Nunca!...

A menina ajeita a sua boneca
e se arremessa à fuga para se salvar
do perigo da tradição cega
que é a principal fera ávida
devoradora de toda meninice.

Mas tudo isto foi em vão. Nada mudou...
sua primavera e aurora fenecem
a boneca dorme no eterno sonho
E sua antiga dona
vira uma criança-mãe, que hoje
vive na minha tabanca,
como na minha arte.
E se hoje choro, desperto e inútil
Atado à dor desse terror medonho,
É pela Bela, não mais Adormecida,
Expulsa já de seu antigo sonho.

CRIAÇÃO BOA

Com a amarga mantampa
é que fui deveras educado
numa morança sem pecado
onde usei camisas de estampa

Então cumpri deveres caseiros
e obedeci ao mestre escolar
levando várias tarefas ao lar
mas tive o apoio dos pais parceiros.

Nessa criação tão boa e natural
é que o meu direito pequenino
foi válido mesmo sendo menino.

Agora podem me julgar por ser
um adulto sério e mal-humorado
que compõe versos no lar sossegado.

CAMPO

Ávido, tonto, deveras morto, canto
ao ritmo da queda da chuva
que rega toda terra onde se cultiva
o que é, para o lavrador, um conforto.

Esse muito cedo vai ao campo
leva bons instrumentos de lavra
sem perder tempo com a palavra
ansioso para matar a fome a tempo.

Enche a primavera da colheita
salva as crianças muito famintas
elas se tornam cidadãos contentes.

No meu campo rude, ninguém se deita
esperando por alguém com marmitas
de bianda kuntangu ku kanfurbates.

ARQUIPÉLAGO BIJAGÓS

Eu me apresento
à humanidade inteira:
sou formoso e naturalmente arquitetado,
invólucro de muitas ilhas
floridas nas minhas margens cobiçadas.

Nelas derramo as minhas águas
adornadas de bichos vulneráveis
– seus habitantes legítimos –
 bichos gigantes e pequenos,
verdes e azuis, altos e baixos
mas todos jazidos no meu sonho calmo.

Encaram minhas alegres feições
fazem cócegas na minha alma
tão boa e agradável
Em que todos coabitam
na tranquilidade.

Durmo na minha noite ancestral
repleta de irada pureza,
enlaço-me à toda superstição vulgar
nessa ancestralidade em que suo
– calor da minha natureza sensual.

Repasso gota a gota o óleo
ungindo em todo o meu corpo
Giro a roda da saia da palha torcida
cuidadosamente escondo a vergonha
d'Ocanto
E amamento a criança.
Ela ergue as mãos para abraçar o vento
e sorridente escuta
o barulho de ondas anunciantes
da maré raivosa do mar.

Declaro.
Sou arquipélago arquitetado
para os bandos vadios
que penetram com voo sôfrego
na minha eira...
Mas meu coração lodoso
abriga tudo de boa fé,
aves e lontras de proveniência longínqua
que chegam tranquilamente
e vêm compartilhar comigo
essa ingenuidade exótica.

Denuncio.
As movidas pirogas chegam e penetram
na minha sonda, manta sagrada,
ignoram os rituais e amargam-me
sem pena, matam os ingênuos bichos,
arrancam-lhes as barbatanas,
deixam chagas...

Lamento.
Os meus olhos condenados a ver tudo
sem saborear à vontade, obtida ao nascer,
de reservar essa vida selvagem,

que em mim vejo morrendo abusivamente
por vadios humanos que desumanam.

Garanto.
Mantenho-me calmo e natural,
porque sou mistério fechado e inócuo
reservo-me a essa vida vasta de selvagem.
Contudo reconheço, por avidez humana,
um dia, eu inexistirei.
Mas, por minha biovalentia,
ainda os seculares bichos, na beira,
desovarão as almas insubmissas
nas areias fecundas à vontade,
de graça, nos meus labirintos espirituais.

Rosno
A minha naturalidade é cobiçada.
Digo em regras estritas aos iniciados
que ecoam o ritual na sombra florestal
para não os deixarem enterrar os mortos
Não os permitirem derramar o sangue
Não os deixarem praticar atos carnais!

Aviso
A estes malditos homens
que me querem violentar
nas noites caladas
para furtar a minha virgindade,
causar dor nas minhas artérias lacustres
que serão levados ao caudal de rios famintos
ao labirinto de Cantanhez,
às águas espumantes
de rápidos do Corubal e até aos barrancos
das areias pesadas de Varela.

Argumento.
Os bichos nunca contam as dores sentidas.
Mas a natureza fala aos ouvidos dos espíritos
que então causam a cupidez emigratória
E os males estouram
no sonho dos balobeiros.
Apresento-me, declaro, denuncio, lamento,
garanto, rosno, aviso e argumento...
Bijagós... Arquipélago...

QUEDA DE LÃS

As lãs caem até hoje
debaixo de poilão
e sentem-se tristes
e esquecidas

Como as cinquenta almas
que no cais mergulharam
tristes e com demasiada dor,
a dor que atingiu o combatente
num sopro mortífero
na alma dos estivadores.

Estas quedas duras das almas
escureceram as águas de Geba
na beira lodosa do Pindjiguiti,
apenas por pedir bocado de bianda.
Mas o recado chegou à terra
por meio de remos boiantes
e de lágrimas molhadas de suor
dos servos famintos e mortos.

Hoje ainda a guinendade continua
espetando a mesma chaga feia,
causando morte injusta e contínua.

Nesta esperança guineense, sente-se as lãs
caindo sob sombra do poilão, e a verdade
também cai atrás delas.
– Acordemos!
Psii... De olhos abertos!

Silenciemos os choros, avante...
escolhamos as lãs.
Rasguemos o vento de amargura.
Rosnemos praga contra traidores
para nos acomodarmos em paz!

VERSOS SONOROS

Eu rabisco versos sonoros
mas uma penumbra
apaga-os
nas minhas ideias.

Explico para denunciar
os remorsos que abalam
o meu coração.

Este misterioso músculo
um dia há de parar
as suas batidas no meu peito,
sem querer.

Canto
com o tom de lamento,
Melódico e infinito,
para enganar
o mal universal,
Essa morte que nos enfeitiça
e suga toda a nossa ambição.

Óh, imperceptível morte,
Acautela-te!
Não comete o mal
na minha alma.
Eu quero viver!

Ah... maldito término fútil,
invencível foice, invisível no Mundo,
mas notável no tempo agonizante.

Ela nos enfeitiça com avidez
na sua treva mortal
às vezes finge nos esquecer
mas, um dia, cedo ou tarde,
chega e nos bate à porta.

Maldito e intolerável monstro,
uma ameaça para o mundo inteiro!
Sossega-te... oh, morte!
Não me causa mal!

Abaixa esta foice!
Sei... se a alma
se escurecer
o corpo deveras sente.
Mas esse sopro
e finíssima vida
havemos que viver !
Amém!

VERDADE MÓRBIDA

Há quem já a tinha dito!
Eu morro com o meu pranto
vejo-me na eterna solidão envolto.

Fico grato ao meu fiel coveiro
este que, com as mãos enrugadas,
ajeita todos os eternos leitos.

Estas desconhecidas mãos
Escondem outras aptidões
além daquela de comer bianda.

É esse ofício de escavar buracos
que esta assídua testemunha da morte
ganha o pão de sustento do lar.

Oh, amigo trabalhador do cemitério!
Digno e bom.
As tuas pás são utensílios da fidelidade.

Estas tuas escalavradas mãos,
tão duras e suadas
de que eu preciso.

Para me esconder
na treva finita onde todos
hão de restar.

Oh, pobre coveiro!...
És servidor legítimo e ativo
na fronteira da morte

Onde recebes
todos os corpos que se vão
Sem perguntar o teu nome.

A ti agradeço!

Quando eu morrer amanhã
envolve-me na minha
eterna solidão.

Quando o meu fôlego sufocar,
a minha língua travar
pega-me com as tuas mãos

Deita-me na areia fria
não poderei te agradecer
não quererei ter esperanças.
Não precisarei das amizades,
não me preocuparei com ciências
nem com filosofias.

Tudo só valeria a pena
se eu existisse de alma e corpo,
ainda dentro do meu prazo de validade

Enquanto rio, canto e gozo.
Ao cessar isso, o que vem depois
Dispenso, porque nada mais vale a pena.

BOLANHA ABANDONADA

Entre turas e tugas
 não há piedade
Cantil cingido na cintura
dando tchau ao lar,
carrego o bornal nas costas
e nos meus ombros, bazucas postas,
Horizonte tingia de vermelho tchau...

Rapidamente calço as botas pretas nók
amarro-as teso kan nos pés. Na alvorada,
entre lala e bolanha, seguia a pegada
de tugas, que tinham andado tók...

Observo nível de maré, ajeito boné,
a brisa de tarrafe afaga-me o rosto,
enquanto observo o que foi posto
na marmita vejo só bianda pra turnê.

Suplico – Ó irã, de coração limpo pus,
peço-lhe que lave a nossa mente guerreira
para não cometermos nenhuma besteira.
– Capturemos tugas nas mão tchap! Propus.

Depois, acalmei-me, abri uma noz
de cola vermelha tchadau, sob orique,
rachei a fruta, distribuí para aqueles
que comigo estavam, falei sem alçar a voz...

Vejo o caminho aberto wandam
mas dou passos lentos à frente e pigarreio
no fundo de tarrafe, na tranquilidade, reparo
de repente o céu se tornou branco fandam.

– Não havia barulho nem queda mortal de ovo
de matança do assassino pássaro grande.
Percebo que a zona libertada se estende
pela frente há que continuar a salvar o povo.

O suor molhava as nossas fardas ióp,
Nossas caixas estavam cheias kudêm
de munições. – Camaradas se cuidem!
digo isso, de repente, escuto: – Stop!

Não tive jeito, parei frio, até que baixa
aquele curto susto. – Ah! outra tertúlia
de camaradas que estavam na patrulha
vindo de lado de Canifaque, sem baixa.

Sigo com os olhos muito atentos
em cada fulgor ao reflexo do rio
de Kangbom porque podia aparecer o trio:
os metais voadores como os corvos
os cruéis mergulhadores fluviais
e infantarias corta-malilas florestais.
– Atenção! Instruo de novo...

Devagar... venham em duplo!
Emborquem entre as réguas,
todos de lado a lado e sem tréguas,
venceremos esta guerra só num pulo!

Pelo braço do rio, a pé, fui escutar
o ronco de bote que vinha à beira
repleto de fuziladores de alma guerreira
e todos sem a mínima dor de matar.

Camaradas, era melhor ser mais feroz.
Porém, valia cuidar com a valentia,
neste caso era preciso usar cabeça fria
e avançar no vento como albatroz.

– Como assim, Capitão? – Assumo!
Atcha... em frente, só seguir o passo
a cada dez réguas dou sinal e repasso
instruções. – Ora di bai! Ao rumo!...

Psii!! O vento sujo! De coisa agreste?
Não. Parece é com fumo de cigarro,
sinto-o pairar, cuido e me agarro nesta ideia.

– Que estranho fumante?
– Os turas só fumam charuto –
Admira outro. – Cigarro? É sortudo.
Tento ignorar, a maresia salpicante
banha as minhas pestanas, sem jeito
a minha ira fustigava o meu peito.

– Tugas sujam até o nosso vento?...
Não podem, isto é abuso de um sacana.
Enervo-me, de novo, tomo gole de cana,
sacudo o meu bornal rápido e tiro fósforo,
acendo charuto, quis dar um tiro

Mas apenas dou tragada vingativa
e de graça purifico o ar da comitiva.
Continuo andando como guêr matcho,

atropelo nos tocos mortos de manguezal,
na bolanhas caçando soldado português
que semeia minas, mas que sempre acho.

– Seguimos!! Ordeno.
Quebrava na minha frente as malilas
houve logo em seguida um disparo
mas fico ainda quieto e me amparo
em esperança de achar armadilhas.

De repente.

Os ovos de matança acertam o abrigo,
ergo a cabeça e vejo o pássaro voador
no céu da tabanca escurecendo da dor
por plantar napalmas em arroz e trigo.

Mirei a bazuca contra o vazio
– Canalhas, não sei a que lado vão!
Mas não quis gastar munições em vão
talvez dure a batalha como a de Anzio.

Pensei nisso enquanto andava devagar
com arma apontada sem apertar gatilho
continuei indo sem fazer barulho,
sonhava chegar ao inimigo e pegá-lo.

Logo sinto meus pés quentes wuik!
Ora vejo-me quase na beira de surto
motivado por pecado bom e justo.

Ecoo em voz alta: – Puxem as malilas!
Assobio para camaradas calados iém.
Foi neste mórbido silêncio que bombas

beijaram bolanhas e aldeias, ardendo-as fep.
– Óh, Manipanços, por favor,
   ajudem esta Terra! Andem... sem pavor.

Avante, sapador!.. varre a vereda!
Há lavras de ferros sob este chão.
De então precisaria do espírito são.

De repente, pisei no caminho sujo.
Que horror, meu Deus! Não fujo.
Arrebento feio
absolutamente empurrado sem freio

Shiiiiii shau BUUM!!!!
– Que covardia é essa, meu Deus?...
Este é um ato do atirador ausente,
Por que não estar na minha frente?

Sinto muito... Olho a minha perna boa
voando com par de botas na boa
e ilhoses com cadarço
que nunca mais na vida calço.

Lá vai em cima beijando propágulos
ao sol, suor e o verde e mar, séculos
de dor e esperança, esta é a terra
dos nossos avós... Já é flor do próprio
meu sangue, que banha todo território
em defesa desta pátria tão esperada
que ao sopro do vento
meditando, alma viva de labuta
sinto-me nos braços tão duros
com uma sensação de amparo
nos combatentes fieis à luta.

Puseram-me na sombra doce.
Do meu corpo corriam suor e sangue
o meu peito latejante foi entregue
ao lar manso na liberdade precoce.

Tudo parecia o sonho de um combatente
que quis ganhar luta e ficar contente.
Senti em mim um toque manso e suave
Abro os olhos e vejo o iluminar
das mãos tão sublimes a ninar
curando aquela ação grave.

Ela logo esboça um sorriso virgem
para mim, era uma enfermeira
que me deixou alguma maneira,
ou algum modo, de renovar a coragem

Então, seu aroma me dava ânimo
as mãos suaves dela
com um íntimo toque,
despertaram em mim a sensação máscula
adormecida no meu corpo,

Tudo isso mesclado ao cheiro da mata fria,
onde, durante o dia inteiro,
não me lembrei mais do bi-grupo.

– E agora! Diga lá, combatente!

– Hummm... Dizer o quê?

– Enlacemos os sentimentos. Ela disse.
Há que purificar uma nova Pátria.

– Curaste-me a alma com a tua mão fria
Agora sinto outro tiro como se invadisse
todo o gatilho do meu abalado coração.
Ela, com as mãos, ausculta o meu pulso.

– Sinto trilho no peito para ser expulso!

– Diga lá, capitão, sem pavor, nem oração.

– Oh, camarada enfermeira de Kambgom,
Tu mataste a minha dor, suturaste-me.
Agora, posso fumar um bom charuto?

Acredito que é justo o que Abel diz:
"Os remédios doces da nossa luta,
são as moças doces dos nossos lares"...

– Fumemos todos os cigarros deles
para gastar suas economias em vão
e usemos a língua deles, eles não vão
entender nunca o nosso kriol...

ÚLTIMAS LÁGRIMAS

As lágrimas já se secaram
não há mais lamentação
neste pragmatismo da sobrevivência
Sei... o meu sol é este.

Enfeito o meu sol erguido
com os carinhosos versos
de elogios para brilhar mais
na alegria e na esperança.

Despeço-me e assevero, decerto
que jamais desperdiço o tempo.
Quero tocar na pele morna e macia
da N'pili do meu lar
enquanto durar o amor.

Peço a ti só uma porção
de nenébadadji para minha saúde
o meu coração se cicatrizou
Não alberga mais coisa nenhuma.

Deitaste a fleuma no coração
ficaste sem mocidade e sem oração.
Ó minha Guiné, minha pátria!
Tu és labirinto profundo.

Por que tu mesma abandonaste
a tua frondosa árvore cujos ramos
foram assassinados pelas tuas próprias mãos
para não darem mais sombra
no meio da rua de Cassacá?

A luta ainda não acabou?
Olha só para o rosto do nosso chão guerreiro,
ele está embriagado de fome e das matanças
já não renascem mais nele nem os rios
nem os pau de sangue.

Oh, Mãe Guiné! Em ti há meiguice.
Agora dança e expõe a tua vulgaridade,
os teus lábios pedem beijos doces,
não esconda o prazer da guinendade
que repassa aos teus filhos que adiaram
a morte pela tua libertação.
Hoje podes navegar no mar moderno
à vontade por ser uma mãe ainda viva.

Contudo, Mãe Guiné, está velha!
Sem inspiração nem renovação,
motivo que me faz te cantar.
Quiçá, desperte a tua vida matada
e revigorada na mata de Matchol de Catidi.

Eu já estou livre das tuas dores!
Agora só penso em sentir as Apilis,
por elas é que sinto o açoite doce
que esquenta a minha alma adormecida.

Reparo essa necessidade de te trocar por elas
por ser o único Matcho de morança,

bonito, viril e civilizado como ninguém.
Que Madina de Boé se dane!

A revolução da democracia hoje está
No clamor do ativismo político
que, mesmo sem motivo, é legítimo...
Por isso, eu grito, nego e convenço.
Mãe, tu não vês tudo isso?
Se não vês... é porque na verdade
já és defunta sem sepultura.

BARCA DE BOÉ

Esta Barca,
o meu avô a fez,
não a navegou, não deu tempo.
Ele rápido se foi
embora daqui.

Um capitão azarado
no comando
que chorou estrelas, suplicou à lua,
Aos céus, aos sóis até aos sombrais.

Mas por
inclemência do tempo
e da amargura do destino
tudo se descomandou e veio abaixo.

Nessa Barca de Boé
dormimos
Escondemos ódios
seguindo
as ondas sem leme, ao vento sem vela,
a Barca encalhada
ainda no sonho.

Meu avô a arquitetou,
sem tripulação nenhuma

e algum diabo a atribuiu
aos mal-aventurados
Agora as nossas vidas
ficaram atribuladas
Nessa Barca
em que tristes estamos todos
com retumbo no fundo.

Animistas amnesiados,
católicos em caos,
muçulmanas mutiladas.
Tudo na nossa Barca de Boé
que se vê afundando no tempo.

Meu avô a fez e,
em seguida,
tudo foi desfeito sem efeito
Coitado, meu avô!
Culpado, intrigado,
rejeitado, cuspido, executado,
depois esculpido.
Hoje, em Mausoléu.
Mas ainda é meu avô.

À MÃE DA QUINTA KATANDEIRA

Na amarga beira do mal
é que há esperança da bideira
e de todas as peixeiras

Ó, Mãe da Quinta Katandeira,
uma grande mulher de luta
Obtendo sustento na algibeira
com seus filhos, jamais leva a mal
por amanhecer na beira do mar.

Mãe da escrava do defunto
é tua filha katandeira que cedo
cozinha bianda para cerimônia
quando vais à feira buscar sustento.

Mãe, a tua filha não vai a Lisboa?
Porque és curandeira da dor convertida
à venda, o que faz com a mente boa.

A tua nua esperança se torna num sonho
em noites cruas, cheias do empenho
para futuro de tua bambarã de partida;

A tua vida inteira é de garantir panos para enterros
por isso vais a Caracol.
Óh... mãe bideira, procura curandeira!

Tens que matar a fome no desespero
na tua tribo de sabor cheia de tempero

Os teus filhos nasceram, têm que comer,
mesmo que o dia se esfrie à luz púrpura
e isto te comover, tem a esperança!
Eles vão ter que comer!
Mana bideira... escuta os choros.

A vida ainda é boa, não acabe num sopro!
Viva, enfermeira boa... Brava lutadeira!
Todas são madrugadoras nas ruas escuras
Ao caminho de baloba, em busca da sorte:
Vender mais peixes e garantir o pão
e panos para cobrir os defuntos.

AOS MARINHEIROS

Trabalhar no mar
Nisso tanto durar
Não há quem o amar

Porque é trabalhar na solidão
E mergulhar-se na imensidão
O que acaba com qualquer um

Se trabalhar no mar
levasse a vida a durar
e permitisse gozar,
o pescador sonharia
em ser eterno navegador.

Mas é em sonhar que há aquilo
que se espera para um dia...
Em sonhar que se espera
o que há de enredar no mar.

Ao redor dessa dor
de tanto esperar
é que há de capturar a alegria

Portanto, sonhar é ir devagar
navegando de leme leve,
nas ondas bravas, indo

e acreditando na chegada certa.
Aos olhos de um navegador,
não existe horizonte infinito.
Ó deus do Mar!
Há trabalho duro demais no mar
Que só se sente, quando a maldita velhice chegar
deitando o pescador na rede
sob a sombra do lar, baloiçando devagar.

ÀS VENDEDEIRAS DE PEIXE

Quando o canto de galo brota
na ânsia do ver o mar,
Aborta o silêncio do sono,
e elas já não dormem.

Atiram os pés ao chão
e rogam ao sincero espelho.
Afagam os rostos, sem tempo
 de refinar os beiços.

Enquanto o sol dorme, o mar grunhe
e as ondas dançam,
as bideiras se precipitam
ao caminho do porto.
Lá vão assistindo ao nascimento
do novo dia
e à chegada dos marítimos chegando
com os costumeiros pescados
EI, CLIENTE!!!

Do porto ao bordo brotam as vozes.
São as árduas vozes das mulheres bideiras.
Jogam as bacias na proa e aprovam preços.
Lançam olhares flutuantes
ao escombro da preamar...

A maré se debruça na beira mansa
Os homens da proa soltam o sorriso
amargo do mar,
Elas veem o prenúncio
dessa dureza anunciada pelas ondas bravas
que esses pescadores jamais amaram...

As bideiras erguem as saias
à beira das proas
Expõem-nas ao ar do mar,
O mar que não cheira ao amar

As atrevidas ondas mortas veem
e beijam as intimidades
As vergonhas adormecem
fora dos olhares dos marinheiros
Os olhares que as pálpebras
não cobrem

Os infelizes capturados
dormem no gelo sem consolo
enquanto as mãos molhadas
levantam-nos e prorrogam a prisão
levando-os da proa à beira,
da beira à feira.

O mar com cautela canta
na imaginação dos pescadores...
Da beira ao abismo do mar
é que jaz o segredo...
O segredo do mar
que traz bocado recado
Alisando o amargo destino
no dia do naufrágio.

Por isso esses canoeiros
jamais perdoam a dor
Essa dolorida vida do mar
Amar o mar?... jamais!

NO MEU HOSPITAL SIMÃO MENDES

No meu hospital novo
Simão Mendes
onde há esperança
e desesperança.
Vê...

Entre o primeiro
e o último sopro da vida
há tanta gargalhada
e demasiado pranto...

Neste lugar hospitaleiro
entre as abas das janelas
uma velha kikia espreita,
bate as asas, o que espanta
a criança que geme no leito.

Outra sombra à porta,
entra o homem de jaleco,
quis ver seu paciente,
ajeita o estetoscópio.
Num mórbido silêncio,
não olha para a mãe aflita
que ainda esconde o pranto,
ergue a mãozinha e a examina.
– Doutor não faz milagre, gente!

Parentes soltam as lamúrias
Mas o Doutor não! Ele apenas,
com paciência, aprova o óbito.
Iá-ióóóh, Meu Deus!

É a vez dos coveiros de Antula
cujos pães, outrora faltam,
mas a bondade, jamais!
Estes famintos deitam as pás
na berma da areia e da alma
recebem a criança e a deitam
em paz no eterno berço.
Amém!

AS MÃOS DO DOUTOR

Na bantabá
escutei cutucada;
o médico podou Estin
e não o suturou.
Nas mãos enxovalhadas
com as luvas rotas vi
uma vida retrocedida
ao rio de sangue fresco.

Bravo!
– Bradou toda mandjua.

O coração de Estin explodiu
e os gritos se apagaram
com as catanadas violentas
no corpo de dono do trono.
Sem braço, sem palmas,
o capitão dera as palmadas.
Em lusco-fusco, tudo no sonho.

O povo sussurrou mansinho
dizendo que aquilo foi o doutor
que não aturou tortura, odiou
e fez vingança atroz.

AOS MENINOS TALIBÉS

É nestas ruas da cidade
que as crianças caçam a sorte,
sorte que os djugudés bicam, e se vão.

Esta criançada vagueia em vão
Pede trocado que bocado vem
Neste mundo adulterado
Em que há enfadonha sorte,
Que mesmo Allah não dá mais...
Mas que djugudés bicam e se vão.

Restam as latas chocalhando
no pescoço do menino em vão.
Os meus olhos me rejeitam
de ver mandamentos manchados,
que não existem em suratul nenhum,
mas com os quais castigam os miudinhos.

Esta é a outra peste bruta
que invade o convívio infantil
Causada por graúdos káfires
Com falsos preceitos corânicos
Allahu Akbar!...

Naquela dolorida andança
Lá se vai a sofrida criançada

para rua, calada nessa langorosa
vida... Rumo ao esmo perdido.

Todos os dias
escuto as lágrimas do Profeta
a molhar o destino das crianças talibés.
(Porque Alla é amigo e é Waidum).

II
CONFISSÃO

Ao alvorecer pisei no batente
Vieram as imundas mãozinhas
Que flutuaram nos meus olhares
Unhas desfeitas grudam em mim
Viro-me e vejo uma criança
muito enxovalhada, sem argúcia.
Com a simpatia espontânea
esforçava-se na ingenuidade
para buscar um sorriso amigável.

Mas a graça morre no peito dela
Sinto-me tão dono de mim
como se eu não fosse criatura
igual a esses meninos talibés.
Componho as expressões confusas
Escuto uma voz miúda ferindo
o meu coração tão duro como pedra.

– *Saddaka tiu.*
Tiu, patin simóla...
amin i mininu homi pa dá sustentu.
(Insiste a criança com ar abatido).
Eu retenho o coração intacto,

sem piedade, engrosso a voz:
– Eu não tenho. Fuja deste mestre, garoto!
Reclamo com o coração mais duro.
O pedinte não reclama, só desaparece,
como se nada tivesse acontecido...
Ele continua vagando sem lar
mas suando para o sustento
da morança do mestre talibés.

No seu pequeno peito habitava
o medo de não completar
a medida certa da lata
que chocalhava no pescoço.
E aos ouvidos escutava os sussurros...
– *Ai de quem não encher a sua lata,*
encherá as costas de surra do mestre.

TCHALESSARIA DO TRONO

Esta é a memória
de tempo tenebroso,
lembrança inapagável
da Mãe desonrada
que jaz ainda defunta
tão introvertida
e se amansa agora
sem ter o que desfrutar.

Nessa rua hostil
de sua vida antiga
é que morre, de graça,
a sua esperança.
Mas de madrugada
levanta-se, amarra a sua bambarã de banda,
e da manhã à tarde,
dança e vende, com rombo
no pano de parideira.

Mas mesmo triste,
não reclama,
para não horrorizar os espectros
enterrados pela amargura da luta.

Há ainda em seu sabor de sonho,
a memória que atiça a lembrança

das antigas angústias de ver
aquelas três balas,
tão famintas e caladas,
penetrando, com anseio,
na noite adentro, para furtar
sem piedade, a justa alma de Abel.

O que leva a outros ladrões de alma,
à catanada e à metralhada
pousarem na carne crua do João
degustando o pavor e o sabor
das gargalhadas dos mandjuas,
que se perguntam:

E agora, menino José?
É sua vez? Você não morre
Nem é combatente?
Não vem com brincadeira,
Balóba reck!!

COBIANA *JAZZ*

À memória do meu
primo, Mamadubá Biai,
ex-tumbista do Cobiana Jazz.

O Tumbista
ontem retumbante,
reduziu-se em palco findo.

Com a tumba esquentara
no calor da banda e vibrara
com Schwarz na colónia
Agora tudo desmorona...

Depois, ele levando o instrumento
empenha-o para comprar cigarro.

Pede emprestado à minha mãe...
Mas por não haver concerto,
pagaria com uma panela.

Mas logo retumba
em restrita tumba...

A minha mãe, emocionada,
perdoa a dívida e chora.

UNIVERSAL

Dizem sempre do universal...
Que universal? Nada...
Cada qual com o seu mundo.

No meu, que não é universal
há tanto frio, fumo e fogo
Não sei se é igual ao dos outros.

Dizem sempre do universal...
Que universal? Nada...
Cada qual porta o seu mundo.

Nos outros não sei se há desamor
como no meu, que é repleto
de tanto frio, tanto fumo e fogo.

Tanto ódio, tanto amor,
alegria e tristeza na liberdade,
que na fugacidade coabitam,
vêm e vão, para onde?
Talvez para parte do universo
ainda desconhecido.

MENINAS BIDEIRAS

As meninas do pudor,
da puberdade sem idade,
são mocinhas bideiras da cidade.

A cada esquina vão,
virgens vulneráveis
à cobiça viril sem idade.

Nelas causa
mascaradas prenhas
na cidade sem paternidade.

Escravazinhas de venda
Sem madura idade
Deambulando na cidade...

Carregam mancarra
Aos descarados fregueses –
Ladrões de virgindades.

II

As outras moças vêm
as *bideiras* de banana
Barata, baratinha ...

Entre os bares e as barracas
De venda elas vão, à bandeja,
Se vendem.

"Barata baratinha,
compre uma e ganhe duas
banana barata na bandeja
se não acabar não volto pra casa!"

Bideiras de banana em banda vêm
abanando as mãos em vão...
E vão elas de novo à rua...
Alheias aos seus direitos,
aos alheios se vendem...

A CASA

A casa em que eu morarei
abrigará minha calma mente.
Hei de erguê-la manso
para não desperdiçar a sombra
que vem suave num ar doce.
A casa em que eu morarei
guardará as minhas queixas,
os meus segredos,
com toda a razão e a motivação
da minha profunda existência.
A casa em que eu morarei
será imensa como a minha alma
hei de construí-la no escombro
dos meus sonhos que batem a porta
do meu peito para acordar meu amor
A casa em que eu morarei,
terá tantos cantos... em cada canto,
haverá uma pedra dura
e cada pedra
segurará uma esperança
de cantar mais amor
A casa em que eu morarei
está na mente e na confiança!

Em nossa futura casa
cantaremos belas canções

dançaremos contentes
e em pleno amor
A nossa casa terá louça,
cadeiras, papeis e paredes,
as paredes terão espelhos,
pinturas que falarão a cada olhar
que nelas bata em silêncio.
A nossa casa terá a cama
em que dormirei amavelmente
abraçado à minha mulher
recontando as histórias que fazem
adormecer as nossas crianças.
Este é o verdadeiro e esperado lar...

VÓ AUSENTE

SONETO

A minha avó demasiado bela
lembra-me sempre de uma velha história
que ela contava com muita alegria
e eu sentia a sinceridade dela

Enquanto jovem demasiado bela
que teve liberdade na beleza
jamais fora abalada por desdita
fosse chuva ou sol a lhe tocar a vela.

Como as aranhas fazem suas teias
para possuir criaturas alheias
assim fez pontes entre muitas tribos.

E ao gozar a vida como as abelhas
beijando sempre diferentes flores
nutriu a sua vida de prazeres.

ESTA MÃE GUINÉ

Estás cansada, embora os teus olhos
ainda brilhem
olhando a estrela preta do teu lenço
que dança ao novo vento,
no céu desta terra amada.

O único lenço que traz as cores
da identidade dos filhos
e que abana ao ar de todos os cantos.
Enlaça esperanças
Dessa nossa diversidade bela
ao gozo da guerra infinda...

Mãe, agora é hora... Purifica-te
do póstumo sonho soterrado nas colinas
para perdoar tudo, levanta o teu rosto
para que tua espera valha mais a pena
Deixa de ser uma mãe chorona!

Escuta o cantar dos teus filhos
cobertos com a tua banda de bambarã
horrorizados por anjos demoníacos,
que ainda pairam para desesperançar.
Mas é bom lembrar sempre:
Se hoje a Windjaba rir contente
E Blôni demolir todos os ódios

N'pili me aceitar o namoro
também me contento e rio à vontade.
Flutuo nas ondas do mesmo mar
esquento-me com o mesmo sol
isto só vendo alegria no teu rosto, mãe!
Renasço deste consenso brutal
Aqui onde a natureza jamais chorará
pelo vento que dança e esfria clareiras
para satisfazer aos cidadãos da cidade boa
como também aos outros teus filhos rudes
alheios às laudas jurídicas e filosóficas
que só esperam por uma boa *cabaz di bianda*.

GUERRA RURAL & GUERRA URBANA

Oh, Guerra rural!
Em onze anos,
 Destrói bolanhas
Leva os bens, traz os danos
À terra rural, corrói
as almas com napalm.
Oh, guerra urbana!
Em onze meses,
constrói o regime.
Encena entre meses
atos do admirável herói
no moribundo atrito

Oh, Guerra rural!
Em onze anos
Saqueia pobres casas,
leva as galinhas
tudo acaba, mas
não há indenização.
Para homem rude
não vale razão justa.

Oh, Guerra urbana!
Em onze meses
Ignora as lojas caras
nesses armazéns

rouba sacas de arroz
quando tudo acaba
empresários indagam
em pranto feroz
e recebem indenização
já que aos urbanos vale a justiça.

Oh, Guerra rural!
Em onze anos de guerra,
faz arderem hortas, mata as ruas
onde nasce imensa mata
nas moranças rurais antigas
e fenecem tabanqueiros,
os desconhecidos,
sem identidade na alma rude
porque lhes falta caneta
só têm a honra pela nova nação.
Oh, Guerra urbana!
Em onze meses
suja o vento de pólvora,
mata os jardins bons
causa a nulidade
das vidas boas dos urbanos.
Estado bom não perdoa!
Isto é patriotismo cultivado
custa o sangue dos generais
justiça é para civilizados.
Do âmago da nova nação
um novo combatente tira
homem rude, constrói
uma civilização branca,
Ao lhe perguntar, diz:
– É DEMOCRACIA!

VERSOS PARA TI

Nunca me esqueço destes eventos
tu iluminaste a minha loucura,
clareaste o meu sonho nublado
e com este teu jeito suave
roubaste-me o dia de tédio.

Com a tua canção, fiquei aliviado.
Ergueste uma ponte na minha travessia
para que eu pudesse passar na partida
e mataste as ondas mortíferas
no meu mar de tanta solidão
para que eu navegasse com calma,
e logo no regresso ao meu mundo real,
tu ainda semeaste renascença ao meu passado
sepultado em minha imaginação.

Remexeste o meu fôlego vital
por isso, tenho que te retribuir a gratidão
À tua honra fazer os versos desta canção
sem atroar o teu benigno coração
lugar em que tu me hospedaste.

POMAR DAS LAUDAS

SONETO

O poeta, ao cantar a sua bendita
cantiga, se mergulha no seu pranto
deixando-a impregnada num relento
ameno, a que se chama canção feita.

Portanto, há que se ter sensação meiga
seguir bem as veredas desses clássicos
que hoje até são vistos como exóticos
enquanto se constrói poesia leiga.

O poeta lavra num pomar das laudas
com todo sentimento dum clamor
palavras que refletem tantas faltas...

Mas, sendo o curandeiro de outras almas,
o poeta se contenta por ser sóbrio,
e em falso ócio muitas dores trata.

ECO DE UMA CIDADE

*Depoimento de um cidadão que testemunhou
as danças nas ruas em Bissau, num 25 de abril.*

Em pleno dia ensolarado,
no chão ardente houve olhares
tristes que se erguiam com o pasmo.
Os gritos movidos por impaciência
cobriam as ruas da cidade invadida.
As mãos de ferro ameaçaram a cidadania,
era mais um rei que estava na mira,
mas a multidão ergueu a voz de revolta:
– SOLTEM-NO!
Aquilo era a voz de uma Nação
que evocava a paz adormecida
de pranto sem nenhuma ternura
era grupo das mães combatentes
As lágrimas diluem nesta terra amarga
onde as mães tristes choravam
para que o sangue, desta vez
não alagasse as ruas desta cidade
– Oh, mesclada tribo, pare de chorar
para tirar a tua terra deste mergulho.
Assim ela será livre da sua dor coletiva!

FAÇO-ME POR TEU CORPO

Antes, escrevia uma estrofe inteira,
em que os versos de vários poetas,
que escrevem em noites despertas,
nela se encaixavam, sem deixar clareira.

Estou agora a me apartar deste frescor
para caçar a sorte de penetrar no teu ego,
honrando-te com amor eu me ergo
da solidão para te dar
um cálice de licor

Se me ouviste mal, de tom soturno,
não poderei cantar-te amavelmente
aos sussurros de acalmar a tua mente
deixa-me tocar em ti
no silêncio noturno

Sinto a sede de me debruçar no teu rosto
para obter um beijo doce que se escapa
entre os lábios apaixonados de um sedutor.

Estou com fome de atingir o teu coração
enlaçando-nos pelo sentimento único
que une os nossos corpos num só amor.

AGORA À NOITE

Não pestaneja tu, se quiseres,
apenas escuta os meus passos
que se socalcam nas tuas veias
Não interroga, dança ao ritmo
o qual venho te oferecer na boa
e desdobra os teus sentimentos
para escutar o curso do teu peito
Este *tuc, tuc* ritmado são os passos
de um poeta sonâmbulo chegando,
ele só quer penetrar no teu coração
para afagar a tua consciência indecisa.
Entrega tu, à tua alma, para ouvir o *tuc-tuc*,
ouve a música suave destes versos escuros
eles trazem uma sensibilidade oculta
ao teu sonho abandonado
na noite deserta

Escuta só a melodia do teu coração penetrado
E vais-te descobrir no contorno de viver feliz.

SUJEIRA DA TERRA

Levanto-me a cada dia muito cedo,
quando ouço passos dos madrugadores
o que afasta todas as minhas dores
desta preguiça a quem toda a noite me cedo

E as aves madrugadoras cantam
Para despertarem os meus lúcidos neurônios
logo, abluo-me para fugir dos demônios
que decidem até quando uma vida para.

Mas como eu ouço o meu coração ativo
que desperta em mim o ânimo de viver
sempre medito e remexo-me para ver
essa vida que voa se não tiver objetivo.
Ela vai passando como um rio sem término
onde permanecem as pedras fixas
como figurantes para adornar um cenário ameno
Eu entendo e sei que a minha vida também
vai passar sossegada como a água do rio
deixando detrás mais pedras, aí por além.

O SONO DA DESILUSÃO

Quando a noite cobre
a minha alma, durmo
e só me acordo com o canto de galo.
Mas quando a morte, um dia,
assombrar-me, apago-me.
E não me levantarei mais
para regar a horta da alma
nem para degustar doces.
Durmo num sono definitivo.
Por isso, deixo o recado
aos meus amigos de convívio,
de não chorarem pela minha
legítima morte, porque, tanto
fizeram por mim enquanto
um simples ser passante.
Se eu não fizer mais parte
dessas badaladas dos vivos
então, a natureza me entregou
aos vermes para degustarem
a minha carne fria.
Quando for enterrado hoje,
a minha alma cadavérica
terá que se acalmar na alegria,
porque eu é que não existo mais,
falta nenhuma farei ao curso
deste rio infinito que se chama Vida.

AGENDA DE UM POETA

Lanço os meus olhares e observo
os feirantes entusiasmados
apressando os passos nos corredores
do colorido Mercado Bandim.
Abro a minha agenda e anoto
tudo quanto um agente urbano faz
outrora ele se joga à minha frente,
estende a mão e pede moeda à feirante
exige explicação do que a leva a vender.
A cidadã não soube expressar a sua necessidade
de obter o pão para as crianças.

Essa espera custa uma dança
dos caranguejos que vão fugir da cabaça,
não por medo do polícia municipal,
mas para se salvarem da panela.
– Mulher, há que pagar uma multa
por usurpar o terreno do Estado!
A cidadã se levanta, tira a nota da algibeira,
entrega ao homem do Estado.
Este acende o cigarro, traga o fumo
e tranquilamente quebra a cabaça.
E expulsa a mulher assustada que só
obedece à lei e volta à casa de mãos vazias.
Um djugudé, de cabeça pelada, vem
e pousa num contentor podre a lixo, bica

mariscos refugiados da cabaça da bideira
A mulher *bideira* acredita ser uma estrangeira rude
que chega à cidade limpa e bonita
– Minha Bissau Nandô.

Outros abutres esperam por peixes
apodrecidos e resíduos da carne
tudo mesclado com o suor dos homens
manipuladores do açougue
onde o fedor se esconde entre as asas das moscas
que também são ocupantes legítimos.

II. Outra face do Bandim

Num tumulto clarividente
vê-se codicadores oferecendo
almas e vidas a quem chega
e a quem vai ambulando no corredor
para matar o tédio.
Este anfitrião dos vermes
alegra-se pelo uníssono diurno
e se contenta com bicho-homem
bicho-verme por que não, bicho-ave
todos nele se hospedam e bem
causam-no um tremendo pudor.
Mas se gosta por ser mercado popular.
Sem desespero outros pedestres
sentados à borda da rua
pedem aos passantes desavisados
alguns trocados que nem sempre há...
O meu mercado se sente à vontade
por abarcar tudo quanto nele cabe.
Mas eu noto que, quando a noite vem,

o gigante Bandim, imediatamente,
murcha-se pela solidão, porém
voltam outros agentes urbanos, com as pás
e os sacos opacos para remexer monturo fétido
que viola qualquer nariz humano
causando-lhe enjoo...
Este que é perfil do meu Bandim
Ele ainda é um inferno para os bandidos
e para os compradores um céu.

FLORA SILVA

Tu não nasceste em nascente algum,
mas nos algures do sul ensolarado
onde absorveste o suor de *mandíplis*,
aromatizado por teu ar florestal
que te protege da violação que te ameaça
e à tua fauna sulina, que outrora foge
para outro esmo, onde vai se hospedar,
após suplicar à estrangeira flora
pela sombra virgem!
Ó, minha flora Silva, Cantanhez!
Virgem flora, ergue a moral deste bioma!
Abre as tuas artérias atrativas pra refúgios!
Para que assim corra nelas o sangue verde
de todos os primatas sob ameaça dos humanos,
estúpidos animais caçadores.
Jamais te reduzes somente a uma gota salubre,
que rega só uma parte da biosfera.
Deves sonhar para que no futuro vindouro
 a tua vida seja sempre uma alternativa
para enxurrar toda a tua seiva bruta
e desintoxicar assim o mundo inteiro.
Enaltecida sejas tu, Flora Silva sulina
Do teu umbigo extrai-se seiva extravirgem
para nutrir os teus bichos
sobreviventes na tua alma sagrada.
Na tua brisa cósmica há que abolir

a solidão em teus diversos biosonhos
travar exploradores de troncos brutos
que em segredo furtam a vida das espécies
das tuas árvores seculares que fazem chuva.
Há que temer por macacos contentes
que brincam de pula-pula entre os galhos
e as malilas, o *habitat* insubstituível dos primatas
naturalmente, livres e alegres.
Tem que clarear as águas turvas da Lagoa de Cufada
para matar a sede dos teus filhos
para regar as tuas raízes e molhar também
as sombras aromatizadas no meio natural.
Cuidado com quem semeou
ideias na tua ignorância
de personalizar as palmeirinhas sorridentes, de cabelos verdes,
viradas meninas de penteados postos ao ar
em que se pousam os passarinhos passantes
que beijam pólen para atrair gametas
para os próximos fecundos florestais.
Oh, flora Silva de Sul. Flora de Cantanhez.
Lembraste da canção da tua filhinha?
Ela cantou para camponeses honestos
Para acalmá-los com a melodia que deu à luz rural
que levanta o lavrador como sol matinal
a seguir ao seu caminho para o prado
onde os bichos brincam na areia preta e estrumosa
Advertência...
De não desmatar a mata para matar a fome
Que sejas tu, Flora, eterna virgem
Como menina Maria na sombra de *mampataz*
Cujo filho veio carregando a cruz de *mandíplis*
Na sombra das palmeiras que não tecem cabelos.

MANIFESTO

As quimeras desvairadas fluem aqui, Mãe
Não é que eu não minta no que escrevo
Mas detesto essas falácias fechadas
Não aguento mais ouvir kafunbam
Não quero mais saber nada de emoção coletiva.

Mãe descanse fora desta órbita
Falsamente construída.
Descanse, está sozinha.
O tempo passou, a sua imagem se apagou, e nada mais...
Oh, meu Deus! Meu... Ai, meu...
Agora só restam as inexistentes lembranças
Ocultas nas ações intrigantes
para encher apenas a barriga
Só isso, mais nada. Mais nada!
Não adianta mais estar triste. O tempo é que passou.
Os que creem no que se diz nas rodas de conversas
Nas ondas sonoras, nas radiações invisíveis
Acumulam as confusões das mesmas quimeras
Puxam as brasas aquecidas nos seus desencantos
E nada resta, tudo provém do vazio verdadeiro.

Descanse.
Minha queridinha, a noite chegou.
Deite-se na escuridão e sorria para a existência
Durma tranquilamente na sua etnicidade forjada

Não ouça o grunhir das ondas,
Que é mera tormenta do estômago vazio
Amanhã, ao se levantar, terá a cabaça de kuntango.

**Venha devagar e escute os teus filhos,
para aprenderem a usar as palavras que só eles entendem.**
"Nesta véspera da organização sistemática
em que tudo se combina, aí começa a confusão,
mas eles fingem que se entendem. – Mentira.
Tudo começa assim: – Era uma vez...
Eu sentado e encurvado à mesa, tomando
a minha sopa, era à noite, de repente,
a minha colher ia de mansinho para minha
boca e, antes de saborear, a colher se esfriou
olho no meu prato, vi que não havia mais a sopa
a minha mãe irada pela situação, descansou-se.
Embrulharam-na numa mortalha, feita uma troça,
depois lhe deram um destino incerto..."
Mentira! Mãe está viva e há sopa. Aquilo
é verdadeiramente ficção

Tudo é assim, uma verdadeira lamentação compulsiva.
Não digo que eu também não minta nas realizações insignificantes
Mas não quero mais... Não quero mais ouvir nem de politicagem
Quero agora é a verdade.
A verdade!

Essa que é a minha verdade
Que está no sossego que eu quero
Na honestidade que não há
Nas simples flores onde colho pureza natural
Na véspera do beijo amado
Essa verdade está na lavoura de tabanka
Na pescaria, na ação agrária

Na verdadeira vida campestre
Não nos esgotos e fumaças sufocantes
E nos ruídos que atormentam citadinos

Já estou cansado de suportar esse vazio contemporâneo
Não apeteço mais essas confusões renovadas
Das obscuridades lexicais que servem de esconderijos
Dos processos publicamente ilegíveis, das inovações renovadas
Dos relatórios econômicos ocultos
Das pautas escolares de reprovações desmerecidas e merecidas
Dos ricos discursos verdadeiramente pobres
Das folhas de pagamento de salários floridos
Das discussões de aprovação de orçamento anual anulado
Das legislações eloquentemente sublimes e inaplicáveis
Dos resultados de estudos de viabilidades das ações invisíveis
Das execuções dos planos estratégicos dos projetos falidos
Das advocacias violentamente defensivas
Das importações das toneladas de craques e cocaínas queimadas
Tudo sem pragmatismo válido
Depois dizem... Essa terra amada,
Floriu no céu a bandeira da ribeira naufragável.
Mentira! Tudo é politicagem.

Tudo é a burocracia de burocratas de terno e gravata.
Estes com complexo dos louváveis ancestrais
Que não estão nem aí para essa Mãe.
Compreendemos, o tempo passou e tudo acabou.

Venha devagar cedendo, se vale a pena sofrer por novos filhos
 Estes que jamais lavam a sua imagem ensanguentada
Nas exaltações dos versos da mesma lamentação
Descanse tranquilamente.
Esses mesmos filhos enxugarão as suas lágrimas
Isto é se vier chorar pela dor da solidão

Desfaço as mentiras,
Removo os irmãos de sangue
Pra não causarem dores nas repartições

Agora não adianta falar da guerra
Porque tudo é a guerra.
Mas, para suavizar, adorna-se essa peleja e torna uma luta
Luta para ganhar o pão
Luta para conquistar amores e crenças
Luta para construir as residências
Enfim, luta para viver na atmosfera do animalismo
Por isso que as mãos aplaudem os homens
E as mesmas desfazem a vida deles
Depois, batizam das desfeitas vidas por heróis.
Malandragem e hipocrisia dos politicalheiros.
O que eu quero é namorar esta amada Mãe
sentindo-a no meu sangue do patriotismo ativo.

RENASCENÇA

Esta Mãe Guiné está cansada
Embora seus olhos ainda brilhem
Olhando para estrela preta do seu lenço
Que dança ao novo vento.

Este lenço de tom heterogêneo
que o manso ar abana devagar,
é ele que enlaça as esperanças
dessa diversidade bela.
Mãe, purifique do póstumo sonho
soterrado nas colinas,
perdoe tudo, para que a sua espera
valha a pena.
Deixe de ser uma mãe chorona.
Escute o cantar dos seus filhos
Que querem lhe afastar
Dos anjos demoníacos.

Se hoje Windjaba rir
E Blôni demolir os ódios
Eu também me contento e rio
Por sermos da mesma onda quebrada.
Se eu vir alegria no seu rosto, Mãe
Renasço com consenso
aqui onde a natureza chora,
o vento dança

e esfria clareiras
para satisfazer
cidadão da cidade e do campo
que se acampa para esperar
a chegada de uma boa colheita.

RESÍDUOS DE LEITURAS

Escrevo em cada página virgem,
Às vezes à toa, reescrevo versos
Alinho-os com cautela na tentativa vã
Mas palavras me odeiam sempre.

Enfatizo as belas musas
Com intuito de convidá-las
Para conviverem nos meus raciocínios
No inédito sentido que eu sinto.

Descubro que é subversão do poeta
Que escreve imagens supérfluas
Deturpando o existencial
Talvez no gozo do direito
popular ou de moral urbe
o que se torna desapontamento
deste por falta de quem lê

Não é que quem escreve, necessariamente,
pensa na poesia, ela é que vaporiza
e quando nasce, vem viva, nua e crua.
Ela vem diluída no pensamento do escritor
que a amacia, tornando a sua aspereza
num sabor doce das estâncias que a clareia,
amansando as ideias rebeldes e absurdas.
Poesia é o espírito das palavras santas,

é a carne dos vocábulos que recheiam
músicas, sermões, declarações de amor
Poesia anestesia as mentes cálidas.
ela não se faz com as palavras sem alma
nem com vocábulos em estado bruto
que dormem nas sombras das folhas leves.
Poesia voa no ar sem asas
Poesia navega na imensidão do mar
Poesia é alma sutil que se abriga nas volúpias
Poesia não é pertença de poeta quando lida
é tudo o que não ousara dizer na loucura
Ó poesia! A arte boa e emotiva e a única
civilização boa para a espécie humana,
que pensa, escreve e lê.

UM GRITO DAS ESTATUETAS TRISTES

Olhando para estas solas de sapatos sujos
Se vê que pisam as nossas dores antigas
Sofrimento renovado na alegria de um vendedor
Ato patológico comumente a nós atribuído

Nas calçadas desnudadas em tenro dia
chegam os fregueses
Num passeio alheio se aproximam
Apreciam nossas expressões e admiram-nas

Mas estamos tristes
Estaríamos a rir de quê?
Se somos vítimas de escorços
Fenômeno brutal partilhado com o povo.
Presas, expostas à venda, estamos
Pertencíamos ao mundo vegetal
provocávamos o nosso próprio clima
que agora é obscuro, úmido e frio
nesta hospitalidade gratuita
onde intervêm as mãos destes
humanos protegidos por nosso equilíbrio
Mas, pela ignorância, golpeiam-nos
Presas, estamos na monotonia dinâmica
Nesse verossímil vivemos,
Somos resíduos ancestrais
Sofremos golpes duros

E tremenda tortura que passamos
Tudo para nos dar expressões exóticas
Tristes que jamais choram...

As feições admiráveis que se vê em nós
Elas são o bagaço da confusa mente humana
Que rodopia e golpeia a nossa serenidade
Com as mãos endurecidas que não sentem

Estatuetas da antiguidade eram alegres
Honradas e suplicadas ao equilíbrio natural
Foram deuses familiares, jamais vendidas
Ficariam tristes por quê? – jamais...

Contemos em nós as lágrimas invisíveis
Continuamos sendo estatuetas tristes
Nas mãos dos nossos futuros donos

Uma vez que matam a nossa sociedade
Os vossos olhos vedados que não veem
Nem pra Maçaricos que vêm rogando
Em cada galho de Tagara pousados
Abriram no abismo da sombra de pau-miséria
No ambiente florestal de desgraça humanitária

Matam a mata e gigantes da floresta
Cadê Terculia africana e o pau-preto?
Copaifera salikounda e demais?
Pau de sangue e pau-miséria renovados
Mergulham-se nas águas turvas ao destino incerto
E fazem as lágrimas dos homens de futuro

Se, pelo menos, lembrassem dessa monotonia
Nos estatuantes meios, sem tagarelada

de tecelão, de paradas núpcias e de demais
invenções desconhecidas e atribuídas
à nossa espécie
que é a de madeiras esculpidas
Até na véspera da colheita de *n'pampam*
Afrouxavam a vontade
de derrube florestal.

Cedo aguardamos a dor da alegria de vendedor
Amanhã quando vierem os raios insuportáveis
As lágrimas se juntam no mesmo aquecimento
Em que globalizamos a vontade de sobreviver.

FANTASMA

Era uma vez...
Um sonho depressivo me reteve
O meu pensamento se espantou
E tive logo um palpito, talvez...

Vi uma sombra chegando
Aproximava-se com os passos
De tonalidade surda e compassiva
Como se estivesse enlaçada
Ao meu espírito que sobrevoava

A sombra que vinha ao meu esmo
Já tinha hospedado na minha alegria
Não era nada, era simples fugacidade
Que toda a noite dormia no meu cálculo
Que sumia na minha meditação
Somente voltava pra mim se quisesse

Era um bagaço de meditação
Disfarçada de amável sombra
Verde, bonitinha, vinha ao meu leito
Queixando-se de não ser conservada

Vi que era algo refinado pelo vento
Observei os seus passos
Eles me acalmavam no meu sonho
Quis me acordar, não pude

Com um gesto sonâmbulo, lhe propus
– Vem se deitar ao meu lado.
Era algo tenebroso? Perguntei-me...
Mas veio mansamente e deitou-se
Não era mais figura nenhuma.

– Chorei tanto
Dizia ela com ar de piedade
– Pare! Não se roga ao pranto
Se cubra nesse manto
Disse eu e me acordei.
Afinal não era nada, senão outra coisa
Essa humanidade ameaçada por humanos
E com o medo de extinção veio rogar...

DESESPERO

Um grito de desespero
Das crianças da minha terra.

Por que choras, menino?
Enxugue as tuas lágrimas
Enlace tuas mãos às minhas
Eu te levo a um destino
Sem intuito...

Não chores, menino.
Não notaste que as tuas lágrimas
Correm para o esquecimento?

Para que choras?
Segue o teu destino
Que os teus pais te impuseram

Esqueça a tua dor, menino
Esconda o teu sorriso
Porque é inútil nesse meio

Engula o teu kuntango
O estômago se acalma
E siga com muita calma
A imposição de graúdos

Não chores mais
Menino pedinte,
Oh! Menino talibê.

Chore invisivelmente
Pra que o mestre não veja
O relampejar do teu ódio.

Oh, meu menino talibê!
Esqueça o teu reino infantil
Tu não és mais menino que brinca
Que ri, que cansa e descansa
No colo da tua mãe.

Tu és homenzinho, sério e
Antecipadamente responsável por ti
E por tua gente.

Mas és purificado de haram
Por alcorão cujos
Versículos ancoram
Em tua amargura.

SUMBUIA

Não quero esquecer
esta crueldade
Que em mim sobrevive.
Em crepúsculo enraiado
Ou em aurora escurecida,
pouco importa, seja qual for
o tempo, a dor é a mesma!
Um vulto sombrio vinha
Quando a engrenagem se cedeu
E o freio se esfriou na via.
Era o homem do *Vagasvagen*
Com os próprios pés desceu
Com os próprios olhos viu
os homens eram todos pretos
O Irmão, até então inocente
apavorado bradou alto –
– Ó Inocêncio, que ódio?
Podem falar da vossa ira? Ó, Mómo!!
As três balas do cano do Cani
não perdoaram, avançaram
e beberam a vida fria do combatente
Sem tempo de ouvir resposta.
Os tristes óculos ensanguentados
Pularam do rosto e deitaram-se
de pernas ao ar na espera do *sumbia*
que veio ao chão sem mais o dono.
Esta é a certidão de óbito do pai Abel.

RECUAR

Quaresma se arrebenta
Quebro as pálpebras
Retenho as lágrimas

Sinto tudo fedorento
Meus sapatos e meias;
Meu suor e hálito

Do meu caminho
Não recuo a légua
Mas sinto fedor de pólvora
Que me apavora

Dos subúrbios segreda-se
Que há enxovalhadas mãos
Sujas de sangue cru.

POEMAS EM CRIOULO

TCHELESARIA

E na tchelesa.
kuma conbatenti
ka djamudu,
Kamarada ka djamudu,
Iermon ka djamudu
Tchintchor na tchora
i na miskinha kasabi di
si djintis oh, ku si mandjuas.
Kuma kotodua na bua,
ki i sinta na ramu di manpatas
ma i ka m´pata!
Djambatutu kuma,
pa ka pukental, pabia
turbada pudi lambu lãs
di polon, i bua, bua kuel
pa céu tindjidu de dur
... ma, lãs na tchon ki i na kaba,
nin polon ka na movi, i ka na disloka,
nin i kana tribida...

SOL NOBU

Kila lá i bemba di pubis.
Kamarada staba la
I lambu, stin staba la
tambi oh, i lambu.
Manga fulanu staba la i lambu
beltrana staba la tambi oh
i lambu.
Chefe Kabu miti mon
na bemba di pubis
Kila i bemba di pubis.
Si bu miti mon
na bemba di pubis,
– pubis ta bin sinti,
moransa ta bin padjiga.
Kebur ka djiga inda
si bu miti mon
na bemba di pubis oh
pubis na sinti.
Zé Manel konta ba dja
kuma bubis ka burru
– e ka burru.

MAMÉ DI FIDJUS

Kila lá...kila ka kaba.
kila ka kaba inda,
i tempu son ki passa.
 Kuma kamarada dja, ka djamudu
kombateti ka djamudu
iermon ka djamudu...
Ma nô odja bu korson
na garbatadu dja.
Puera na leba recadu,
nuvens na tetimunha, kuma
sukuru bai dja i kana riba.

A nõs, nó ka na bai nin kau
Pabia anõs tudu i di mému terra
si kil utru lá i pulitiku:
Diputadu ou ministru,
Nhu rei di turpessa grandi oh
anõs tudu i di mému djemberên.
Di mému kasa, ku di mému rua
i na mému skola ki nó ianda
Pa kila anõs tudu li nó na thiibi
Nin si nó dus banda di
ka tchiga pa nó kusi nó bambarã
nó ta sindji nó lopé, ma nin utru kau
nó ka nabai.

GLOSSÁRIO

1. *"Kaanu êh êh, Kaanu êh/Kaanu êh, Nimba ka sêl hoo"*: "Deus (ê), Deus (ê), Deus (ê), a Nimba (referente à divindade ou deusa Nimba) está rindo".
2. *"Saddaka tiu./Tiu, patin simóla../Amin i mininu homi pa dá sustentu"*: "Esmola, tio. Tio, dê-me uma esmola... Eu sou menino homem responsável por sustentar".
3. Aberto wandam: muito aberto, escancarado.
4. Alahu Akbar: Alá é grande (em língua árabe).
5. Andar tók: andar muito.
6. Apili: nome próprio feminino.
7. Ardendo-as fep: queimando-as totalmente, por completo.
8. Balóba reck: diretamente para a baloba.
9. Baloba: lugar sagrado onde são realizadas cerimônias das religiões animistas.
10. Balobeiro: feiticeiro, xamã.
11. Bambarã: peça de pano utilizada para amarrar os bebês ao dorso das mães.
12. Bandim: principal mercado de Bissau, capital da Guiné.

13. Bantabá: espaço comunitário para discussão de assuntos coletivos.
14. Bianda di kuntango di kanfurbates: arroz cozido só com sal, acompanhado de molho feito com limão, malagueta e sal.
15. Bianda: arroz cozido.
16. Bideira: mulher que tira o seu sustento da venda de produtos.
17. Bijagós: um dos grupos étnicos da Guiné. Também dá nome ao Arquipélago dos Bijagós.
18. Blôni: nome próprio feminino.
19. Boé: ver item anterior.
20. Bolanha: campo de arroz em terra alagada, próximo a rios ou manguezais.
21. Branco fandam: de brancura extrema.
22. Cabaz di bianda: cabaça de arroz cozido.
23. Cabunca: cabo-verdiano.
24. calados iém: totalmente calados.
25. Canafistra: erva medicinal usada para aliviar cólicas.
26. Canifaque: nome de uma aldeia situada na fronteira entre Guiné-Bissau e Guiné-Conakry), onde havia uma base das tropas guerrilheiras durante a guerra colonial.
27. Cantanhez: área florestal protegida situada na região de Cubucaré, na área Sudoeste da região administrativa de Tombali, na Guiné-Bissau.
28. Capturemos tugas nas mãos tchap: capturemos os portugueses com as nossas próprias mãos, de maneira firme e precisa.

29. Cheias kudêm: muito cheias, transbordantes.
30. Cobiana Jazz: grupo musical guineense, atuou principalmente nas décadas de 1970/1990.
31. Copaifera salikounda: nome de uma espécie de árvore.
32. Djugudé: urubu, abutre.
33. Estercúlia africana: um gênero de árvores.
34. Estin: fulano.
35. Fanateca: mulher responsável por fazer a excisão ou corte, por meio de uma faca, nos ritos que envolvem a mutilação genital feminina.
36. Fendany: prova de boas maneiras à qual as meninas são submetidas durante as cerimônias de iniciação.
37. Fidju di ós: bonecos de ossos de gado bovino.
38. Funaná: ritmo tradicional cabo-verdiano.
39. Guêr matcho: guerreiro macho, ver "tura".
40. Guinendade: qualidade ou sentimento referente à identidade cultural guineense.
41. Gumbé: ritmo tradicional guineense.
42. Haram: pecado.
43. Imbondeiro: baobá.
44. Irãs: espíritos, deuses.
45. Káfires: desobedientes a Alá (Deus), infiéis, pecadores.
46. Kangbom: nome de uma aldeia situada na fronteira entre Guiné-Bissau e Guiné-Conakry), vizinha a Canifaque, onde havia um hospital para atender as tropas guerrilheiras durante a guerra colonial.

47. Katandeira: moça responsável por cozinhar a comida oferecida aos irãs nas balobas e auxiliar nos rituais realizadas nessas.
48. Kikia: coruja
49. Kriol: crioulo.
50. Kuntango: arroz cozido apenas com sal.
51. Lala: clareira vasta.
52. Limpu pus: limpíssimo.
53. Madina de Boé: aldeia situada na região Leste da Guiné, onde se situava a base principal dos guerrilheiros, durante a guerra colonial, e onde foi proclamada a independência do país.
54. Malila: cipó.
55. Mampataz: árvore que dá fruto comestível de mesmo nome.
56. Mandípli: cajá (fruta).
57. Mandjua: convivência entre pessoas de uma mesma geração.
58. Manipanso: divindade africana.
59. Mantampa: galhos usados para açoitar.
60. Matcho de morança: homem da casa.
61. Matchol de Catidi: nome de divindade feminina das culturas Nalu e Baga.
62. Morança: agregado familiar, conjunto de casas de pessoas com a mesma linhagem, ou parentesco.
63. N'pampam: campo de arroz em terra seca.
64. N'pili: nome próprio feminino.
65. Nenebadadji: nome de uma erva medicinal.

66. Nimba: divindade tradicional guineense (etnias Baga e Nalu).
67. Ocanto: fase de juventude, na língua e na cultura dos Bijagós.
68. Ora di bai: hora de ir, em língua crioula.
69. Pindjiguiti: porto situado em Bissau. Nele, durante a época colonial, houve um massacre que impulsionou a guerra pela independência.
70. Poilão: árvore de grande porte, da família das *bombacáceas*.
71. Pretas nók: de cor preta intensa.
72. quentes wuik: muito quentes, escaldantes.
73. Quizomba: ritmo tradicional angolano.
74. Sapador: especialista em desarmar minas.
75. Schwarz (José Carlos Schwarz, 1949 - 1977): músico e poeta guineense.
76. Sêma: mulher responsável por tratar, por meio da medicina tradicional, as feridas causadas pela excisão ou corte, nos ritos que envolvem a mutilação genital feminina.
77. Sumbuia: modelo de chapéu tradicional, feito de lã tecida, que Amílcar Cabral, líder guineense na Luta de Libertação Nacional, usava como símbolo da cultura da etnia guineense Beafada.
78. Suratul: uma das subdivisões do texto corânico.
79. Tabanca: aldeia.
80. Talibés: maometanos que divulgam o islamismo por meio do ensino do Alcorão.
81. Tchalessaria: palhaçada.

82. Tesu kan: extremamente apertado ou rígido.
83. Timbila muzumba: ritmo tradicional moçambicano.
84. Tingi burmedju tchau: tingir de cor vermelha intensa.
85. Tuga: designação dada, na época da guerra de libertação colonial, aos portugueses ou aos que lutavam contra os turas.
86. Tura: designação dada, na época da guerra de libertação colonial, aos que lutavam contra os portugueses.
87. Varela: setor administrativo de São Domingos, Guiné-Bissau.
88. Vermelha tchadau: de intensa cor vermelha.
89. Waidum: único (em língua árabe).
90. Wassamba: instrumento musical feito com pedaços de cabaça.
91. Windjaba: nome próprio feminino.
92. Yaioó: interjeição de lamento.

Algumas partículas intensificadoras típicas da Guiné-Bissau

Há algumas expressões intensificadoras tipicamente guineenses que foram usadas no livro *Menino da Tabanca*. Por exemplo: *pus* é uma expressão utilizada apenas com o adjetivo "limpo/a" para dizer que algo está demasiadamente limpo, limpíssimo ("O céu ontem estava limpo pus"); ***wandam/uandam*** é usada apenas para designar a ação de abrir totalmente ("Elas abriram a porta uandam/wandam"); ***fandam*** serve para intensificar a brancura ("Ele usava uma camisa branca fandam"); ***ióp*** é usada exclusivamente para o "molhar" ou "molhado/a", significando muito molhado, ensopado ("Fazia muito calor, a ponto de me molhar ióp de suor"); ***kan*** é uma expressão usada para intensificar o estado de secura ou rigidez ("Amarramos as nossas botas kan nos pés e começamos a andar, passamos por terra seca kan"); **tchau/tchadau** é usada para expressar a intensificação da cor vermelha ("O céu tingiu-se de vermelho tchau"); **nók/nóck** é uma partícula intensificadora exclusivamente usada para cor preta ("As nossas botas eram pretas nók"); **Kun/kum** ou **kudêm** intensifica cheio/a ("A embarcação estava cheia kudêm").

Vale ressaltar que o uso dessas partículas não é aleatório, por exemplo, não se diz "vermelho nok" ou "vermelho fandam", nem "limpo fandam", apenas "branco fandam" (muito branco, alvíssimo). Essas partículas nunca são usadas isoladamente, elas sempre acompanham as palavras que devem ser enfatizadas (vide glossário).